Hey Madita

Madita Burgdorf

Easy KOCHEN

Hey Madita

Madita Burgdorf

Easy KOCHEN

Richtig schnell,
richtig einfach,
richtig lecker

riva

INHALT

VORWORT

Nun ist es endlich soweit, nach fast einem Jahr hältst du mein Kochbuch in den Händen. Ich möchte mich bei jedem Einzelnen bedanken, durch den dieses Buch überhaupt erst möglich geworden ist. Ich hoffe, du hast mit diesem Buch ganz viel Freude und ich kann deine Erwartungen erfüllen.

Und falls du mich noch nicht kennst, hier eine kleine Vorstellungsrunde: Ich bin Madita, 29 Jahre alt und Mama einer zauberhaften kleinen Tochter. Meine Leidenschaft ist es, zu kochen sowie zu backen und andere damit glücklich zu machen. Ich habe keine professionelle Küchenausbildung, aber ich liebe es, Dinge auszuprobieren und sie auf meine Art so »easy« wie möglich umzuwandeln. Außerdem liebe ich es, mein Wissen mit anderen Menschen zu teilen. Meine Rezepte sind immer einfach zu verstehen, für jede Lebenslage geeignet und ohne viel Schnickschnack. Ich bin der festen Überzeugung, dass jeder kochen lernen kann. Ganz oft sind es die einfachsten Rezepte, die uns am besten schmecken und uns glücklich machen.

Easy-peasy ist mein Motto und so koche ich seit Jahren. Meine Rezepte sind deine Rettung, wenn es mal wieder stressig wird und du mehrere Sachen gleichzeitig handeln musst. Bei den meisten Rezepten benötigst du nur eine Pfanne, ein Backblech oder einen Topf. Somit sparst du dir sogar die unnötige Zeit zum Abspülen danach.

Für meine Rezepte hast du meistens fast alles im Haus, denn du benötigst dafür ausschließlich Standardzutaten. Und die Frage »Was essen wir heute?« musst du nicht mehr beantworten, denn dafür habe ich meine Top-Antworten in leckere Rezepte verwandelt. Ich wünsche dir ganz viel Spaß beim Ausprobieren meiner Rezepte!

STRESSFREIE KÜCHE

Fünf Schritte, die dich beim Kochen tanzen lassen, anstatt in Panik und Hektik auszubrechen

Oft ist der Alltag ganz schön stressig, zwischen Job, Haushalt, Kindern, Tieren und sogar Freizeitstress kommt die Zubereitung von Mahlzeiten häufig viel zu kurz. Aber ständig zum Lieferservice zu greifen ist letzten Endes mit der Zeit auch ziemlich teuer und recht eintönig. Wenn du ab sofort meine fünf Tipps befolgst, verspreche ich dir, dass deine Nerven geschont werden und du viel mehr Freude und Lust haben wirst, deine Zeit in der Küche zu verbringen.

1. ORDNUNG IST DIE HALBE MIETE

Wer kennt diesen Spruch nicht? Meistens haben unsere lieben Eltern ihn gepredigt. Und auch wenn ich es nicht ganz zugeben will, aber »Ja, Mama, du hast recht!« Was für dich wahrscheinlich wie ein Zeitfresser klingt, wird dir aber später wertvolle Minuten einsparen: Vorbereitung und Ordnung.

Hast du dich für ein Rezept entschieden, solltest du es vorab zuerst gründlich studieren. Bereite deinen Arbeitsplatz so vor, dass du die richtigen Zutaten und Küchenutensilien immer griffbereit hast. Denn nach den passenden Schüsseln suchen oder zu merken, dass dir eine wichtige Zutat fehlt, frisst letztendlich viel mehr Zeit. Und genau das wollen wir vermeiden. Nimm dir auch mal vor, deine Küche auszuräumen und verschenke etwas oder schmeiße weg, was vielleicht nicht mehr funktioniert, abgelaufen ist oder was du nicht mehr brauchst.

Mehr Platz, weniger Stress beim Suchen der Utensilien, und schon wieder hast du etwas mehr Zeit eingespart. Und damit du auch spontan kochen kannst, solltest du gewisse Lebensmittel immer zu Hause haben. Damit wären wir auch schon beim nächsten Tipp angekommen.

2. DIE RICHTIGEN ZUTATEN

Um deine Freizeit nicht immer im Supermarkt zu verbringen, solltest du einen Grundstock an bestimmten Nahrungsmitteln zu Hause haben. Um dauerhaft den Überblick zu behalten, welche grundlegenden Lebensmittel gerade im Vorratsschrank fehlen, empfehle ich dir eine Liste zu erstellen. Am besten digital als Notiz auf dem Handy oder in einer App. So sparst du dir nicht nur wertvolle Zeit beim Einkaufen, auch Doppeleinkäufe gehören nun der Vergangenheit an.

Mein ultimativer Zeitspar-Trick lautet: Greife zu bereits vorbereitetem Gemüse aus dem Gefrierfach. Dadurch ersparst du dir nicht nur das mühsame Putzen und Kleinschneiden, das Gemüse ist auch noch mindestens genauso gesund und frisch wie aus dem Supermarkt.

3. KÜCHENGERÄTE EINSETZEN!

Hast du alle Zutaten parat, dann kann es jetzt losgehen. Und mit Hilfe deiner kleinen Helfer wie Küchenmixer, Zerkleinerer oder Pürierstab geht es sogar noch etwas schneller. Wenn du sie schon hast, dann nutze sie auch. Meistens spart das noch ein paar Minuten ein. Und denke immer daran, dass z. B. auch ein Deckel auf dem Topf beim Aufkochen des Nudelwassers Zeit sparen kann. Denn so bleibt die Hitze im Topf und das Nudelwasser ist schneller fertig.

4. WARTEZEIT NUTZEN UND AUFRÄUMEN

Ein weiterer Tipp: Wartezeiten geschickt nutzen! Während das Nudelwasser also vor sich hin kocht, kannst du bereits die Sauce zubereiten. Oder nutze den Freilauf, um in der Küche schon mal klar Schiff zu machen. Denn dann hast du nach dem Kochen Zeit für andere Aktivitäten, anstatt noch aufräumen zu müssen.

5. SCHNIPPEL ALLES KLEIN

Einer der raffiniertesten Tricks überhaupt! Je kleiner die Zutaten sind, desto schneller werden sie gar und landen auf dem Teller. Es ist zwar eine kleine Fleißarbeit, aber mit einem guten Messer macht das Ganze sogar Spaß. Deshalb lohnt es sich, in gute Küchenmesser zu investieren. Dein Kalender wird es dir danken!

Wärmende Suppen

Pizzasuppe
Okroschka
Soljanka
Gyrossuppe

Pizzasuppe

Wenn mal kein Mehl im Haus ist und trotzdem alle nach Pizza rufen, dann mache ich immer meine berühmte Pizzasuppe. Und alle sind zufrieden.

PORTIONEN: 3–4 • ZEITBEDARF: 30 MINUTEN

ZUTATEN

1 Zwiebel
2 Paprikaschoten
1 Handvoll kleine Kirschtomaten
500 g Rinderhack
Olivenöl zum Braten
2 EL Ajvar (mild)
2 Dosen passierte Tomaten (je ca. 500 g)
400 ml Gemüsebrühe
1 Dose Mais (150 g)
200 g Kräuterschmelzkäse
250 g Sahne
2 EL Oregano
etwas frische Petersilie
etwas Salz und Pfeffer
etwas geriebener Parmesan (nach Belieben)

1. Zwiebel schälen und fein hacken. Paprikaschoten waschen, entkernen und in Würfel schneiden. Die Kirschtomaten waschen.
2. Das Hackfleisch in etwas Olivenöl anbraten, Zwiebeln und Ajvar hinzugeben und kurz mitbraten.
3. Mit Tomaten und Gemüsebrühe ablöschen.
4. Mais, Paprika und Kirschtomaten hinzugeben und alles miteinander verrühren. Den Schmelzkäse einrühren, Sahne, Kräuter und Gewürze hinzugeben und mit Salz und Pfeffer abschmecken.
5. Nach Belieben mit Parmesan bestreuen und servieren.

Okroschka

Diese Suppe ist einfach meine große Liebe, und wenn ich sie im Sommer nicht mindestens fünfmal gemacht habe, dann ist mein inneres Kochherzchen nicht glücklich. Mache sie nach und dann verstehst du, was ich meine.

PORTIONEN: 3–4 • ZEITBEDARF: 30–40 MINUTEN, 2 STUNDEN KÜHLEN

ZUTATEN

4 Kartoffeln
4 Eier (Größe M)
½ Fleischwurst (ca. 200 g)
1 Gurke
2 Frühlingszwiebeln
6 Radieschen
200 g Schmand
500 ml Buttermilch
1 TL Senf
1 Prise Zucker
400 ml Mineralwasser mit Kohlensäure
Salz und Pfeffer
½ Pck. Dill (TK)
Baguette zum Servieren (nach Belieben)

1. Die Kartoffeln waschen und in Salzwasser in ca. 20 Minuten gar kochen. Abgießen und ausdampfen lassen. In der Zwischenzeit die Eier hart kochen, aus dem Wasser nehmen und kalt abschrecken.
2. Kartoffeln und Eier schälen, in Würfel schneiden und getrennt beiseitestellen. Die Fleischwurst ebenfalls in Würfel schneiden.
3. Gurke, Frühlingszwiebeln und Radieschen waschen, putzen und in Würfel schneiden.
4. Schmand mit Buttermilch verrühren, dann Senf, Zucker, Mineralwasser zugeben und alles mit Salz und Pfeffer abschmecken.
5. Nun die restlichen Zutaten dazugeben und die Suppe 2 Stunden kalt stellen. Dazu passt ein leckeres Baguette.

Soljanka

Diese Suppe mache ich richtig gern, wenn ich weiß: »Okay, heute kommen die Freunde meines Mannes.« Man könnte sie auch Männer-Liebling nennen. So herrlich deftig und kräftig.

PORTIONEN: 3–4 • ZEITBEDARF: 35–45 MINUTEN, 2 STUNDEN ZIEHEN

ZUTATEN

4 Paprikaschoten
200 g Salami
200 g Jagdwurst
200 g Geflügelwurst
5 Gewürzgurken
200 g gewürfelter Schinkenspeck
2 Zwiebeln
150 g Tomatenmark
1 EL Sambal Oelek (indonesische Chili-Würzpaste)
1 Lorbeerblatt
1 TL Senf
1 Knoblauchzehe
1 l Brühe
1 Baguette und etwas saure Sahne zum Servieren

1. Paprikaschoten waschen, entkernen und in Würfel schneiden. Salami, Jagdwurst, Geflügelwurst und Gewürzgurken in mundgerechte Stücke schneiden.
2. In einem großen Topf den Speck anbraten, die gewürfelte Wurst dazugeben und mitbraten.
3. Zwiebel schälen, würfeln und mit in den Topf geben.
4. Nun kommen die Paprika- und Gewürzgurkenwürfel, das Tomatenmark, sämtliche Gewürze und der geschälte und zerdrückte Knoblauch dazu.
5. Alles mit der Brühe ablöschen und 20 Minuten leicht köcheln lassen. Anschließend einige Zeit stehen lassen (siehe Tipp).
6. Mit Baguette und einem Klecks saure Sahne servieren.

Tipp:

Soljanka am besten am Vorabend vorbereiten oder nach dem Kochen ein paar Stunden ziehen lassen.

Gyrossuppe

Die beste Partysuppe überhaupt, und falls mal etwas übrig bleibt:
Am nächsten Tag schmeckt sie doppelt so gut.

PORTIONEN: 4–5 • ZEITBEDARF: 30 MINUTEN

ZUTATEN

1 kg Gyrosfleisch (vom Metzger)
2 Tüten Zwiebelsuppe
600 g Sahne
2 Gläser Paprikasauce ungarische Art
200 g Crème fraîche
Fladenbrot zum Servieren

1. Gyrosfleisch in einer Pfanne anbraten und beiseitestellen.
2. In einem Topf die Zwiebelsuppe nach Packungsanleitung mit 300 ml Wasser zubereiten.
3. Anschließend Sahne, Gyrosfleisch, Paprikasauce und Crème fraîche dazugeben. Alles auf mittlerer Stufe 20 Minuten köcheln lassen. Dazu reicht man frisches Fladenbrot.

Erfrischende Salate

Taco-Salat
Gurkensalat
Bulgur-Salat
Basilikum-Rucola-Salat mit Erdbeeren
Thunfisch-Reis-Salat
Big-Mac-Salat
Spargel-Brot-Salat
Sommerlicher Nudelsalat
Kartoffelsalat
Brokkolisalat

Taco-Salat

Ich liebe Schichtsalat und diesen hier besonders.
Super, wenn ein Filmabend ansteht oder der beliebte Superbowl.

PORTIONEN: 4 • ZEITBEDARF: 25–30 MINUTEN

ZUTATEN

500 g Hackfleisch
etwas Öl zum Anbraten
1 Flasche Salsa Texicana (500 ml)
3 Paprikaschoten
1 Salatgurke
4 Tomaten
1 Dose Mais (150 g)
1 Dose Kidneybohnen (225 g)
250 g Crème fraîche mit Kräutern
100 g geriebener Gouda
1 Tüte Tacos

1. Hackfleisch mit etwas Öl in einer Pfanne krümelig anbraten. Eine halbe Flasche Salsa Texicana unterrühren und abkühlen lassen.
2. Paprikaschoten waschen, entkernen und in Würfel schneiden. Gurke und Tomaten waschen, putzen und ebenfalls würfeln. In dieser Reihenfolge in eine Schüssel schichten. Mais und Kidneybohnen darüber geben.
3. Die Kräuter-Crème fraîche mit der restlichen Salsa Texicana verrühren und über die Bohnen geben. Das erkaltete Hackfleisch darauf verteilen und mit Gouda bestreuen. Anschließend die Tacos zerbröseln und darauf verteilen.

Gurkensalat

Ein Gurkensalat darf bei mir als Beilage beim Grillen oder etwas Deftigem nicht fehlen. Unkompliziert und schnell gemacht.

PORTIONEN: 4 • ZEITBEDARF: 20 MINUTEN, 30 MINUTEN ZIEHEN

ZUTATEN

1 Salatgurke
Salz
5 EL Salatöl
3 EL Kräuteressig
Pfeffer
1 Prise Zucker
½ Bund Dill
¼ Bund Petersilie

1. Gurke waschen, schälen und in Scheiben hobeln. In eine Schüssel geben und mit Salz bestreuen. Ca. 30 Minuten ziehen lassen.
2. Dann Öl und Essig darüber geben. Pfeffern und zuckern (nach Geschmack). Mit etwas Wasser auffüllen. Petersilie und Dill waschen, trocken schütteln, fein hacken und untermengen. Kurz nochmal durchziehen lassen und genießen.

Bulgursalat

Dieser mediterrane Salat schmeckt sowohl kalt als auch warm.
Und die Gäste schwärmen immer noch tagelang danach. Aufmerksamkeit ist somit garantiert.

PORTIONEN: 4 • ZEITBEDARF: 25 MINUTEN

ZUTATEN

250 g Bulgur (Weizengrütze)
½ TL Salz
3 rote Spitzpaprika
1 rote Zwiebel
½ Bund Frühlingszwiebeln
1 Bund glatte Petersilie
4 EL neutrales Öl
½ Tube Tomatenmark (ca. 100 g)

1. Bulgur in eine große Schüssel geben und so viel heißes Wasser zugießen, dass der Bulgur gerade bedeckt ist. Überschüssiges Wasser unbedingt abgießen, da es sonst pampig wird. Reichlich salzen und ca. 10 Minuten quellen lassen.
2. Paprika waschen, entkernen und fein würfeln. Zwiebel schälen und ebenfalls fein würfeln. Frühlingszwiebeln waschen, putzen und in feine Ringe schneiden. Petersilie waschen, trocken schütteln und fein hacken. Das Öl und das Tomatenmark verrühren und mit dem Gemüse in eine Schüssel geben. Abschmecken und evtl. nochmal salzen. Die restlichen Zutaten untermischen.

Basilikum-Rucola-Salat mit Erdbeeren

Dieser Salat wird bei uns im Sommer mindestens zweimal die Woche gemacht und ein Glas Aperol dazu darf natürlich nicht fehlen.

PORTIONEN: 3–4 • ZEITBEDARF: 25 MINUTEN

ZUTATEN

225 g Rucola
1 Bund Basilikum
500 g Erdbeeren
50 g Pecorino
5 EL weißer Balsamicoessig
50 g flüssiger Honig
8 EL Olivenöl
Salz und Pfeffer
4 EL Pinienkerne

1. Rucola und Basilikum waschen, trocken schütteln und grob klein schneiden.
2. Die Erdbeeren waschen, trocken tupfen, das Grün entfernen und die Beeren vierteln, den Pecorino hobeln. Rucola, Basilikum und Erdbeeren auf Vorspeisetellern nach Geschmack anrichten.
3. Aus den flüssigen Zutaten eine Vinaigrette anrühren, mit Salz und Pfeffer würzen und über den Salat träufeln. Zum Schluss den Pecorino und die Pinienkerne darüberstreuen und servieren.

Thunfisch-Reis-Salat

Proteine und Kohlenhydrate zusammen und – zack – ist die Energie wieder da. Ein Salat, der uns mit allem versorgt, was der ein oder andere Ernährungsberater immer so predigt.

PORTIONEN: 3–4 • ZEITBEDARF: 25 MINUTEN

ZUTATEN

50 g Reis
1 Dose Thunfisch (ca. 150 g)
1 kleine Zwiebel
3 kleine Tomaten
3 kleine Gewürzgurken
4 EL Mayonnaise
etwas Gurkenflüssigkeit
Salz und Pfeffer

1. Reis nach Packungsanleitung gar kochen.
2. In der Zwischenzeit den Thunfisch gut abtropfen lassen. Zwiebel schälen, Tomaten waschen und ggf. Stielansatz entfernen. Zwiebeln, Gewürzgurken und Tomaten in feine Würfel schneiden.
3. Mayonnaise mit einem Schluck Gurkenwasser cremig aufschlagen und mit Salz und Pfeffer würzen. Tomaten, Gewürzgurken und Zwiebeln unterheben. Mit Thunfisch und dem gegarten Reis vermengen.

Big-Mac-Salat

So einfach geht Fast Food zu Hause und dabei kannst du auch noch viele hungrige Mägen satt bekommen. Ein Hoch auf meinen Big-Mac-Salat, der Retter für Kinderpartys oder spontanen »Groß-Besuch« von Freunden.

PORTIONEN: 10 • ZEITBEDARF: 40 MINUTEN

ZUTATEN

1 kg Rinderhackfleisch
etwas Öl zum Anbraten
Salz und Pfeffer
6 Gewürzgurken
6 Hamburgerbrötchen mit Sesam
1 kleiner Eisbergsalat
1 Pck. Schmelzkäsescheiben Chester (ca. 250 g)

FÜR DIE SAUCE:
2 Zwiebeln
4–5 Gewürzgurken
½ Glas Salatcreme (ca. 250 ml)
½ Tube Mayonnaise (ca. 100 ml)
6 EL French Dressing mit wenig Dill
2 TL Zucker
2 TL Essig
2 TL Tomatenketchup
1 TL Salz
2 EL Gurkenrelish (süß-sauer)

1. Für die Sauce die Zwiebeln schälen und fein hacken. Die Gewürzgurken ebenfalls würfeln. Mit den anderen Zutaten vermengen.
2. Das Hackfleisch in etwas Öl scharf anbraten, mit Salz und Pfeffer würzen und auskühlen lassen. Die Gewürzgurken in Scheiben schneiden.
3. Die Hamburgerbrötchen halbieren, toasten und in ca. 2 x 2 cm große Würfel schneiden. Für die Optik 4 Deckel für die oberste Schicht ebenfalls würfeln und beiseitestellen.
4. Den Eisbergsalat waschen, trocken tupfen, putzen und in mundgerechte Stücke schneiden.
5. Für den Schichtsalat als Erstes ⅓ der Brötchenwürfel in eine große Glasschüssel geben. Anschließend folgt jeweils eine Hälfte des Eisbergsalates, der Sauce, des Fleisches. Dann eine Schicht Käsescheiben, den Rest Brötchenwürfel (außer die für die oberste Schicht), den übrigen Eisbergsalat, die zweite Hälfte der Sauce, eine Schicht aus Gewürzgurkenscheiben, die zweite Hälfte vom Fleisch. Abschließend werden die gewürfelten Brötchendeckel so auf den Salat gelegt, dass die Seiten mit Sesam oben liegen.

Spargel-Brot-Salat

Spargel kann so viel mehr als nur gekocht und mit Schinken serviert zu werden. Probiere mal diesen Salat und glaub mir, danach ist das dein Nummer-1-Favorit, wenn es um Spargelrezepte geht.

PORTIONEN: 2 • ZEITBEDARF: 30 MINUTEN

ZUTATEN

100 g Ciabatta
1 Knoblauchzehe
300 g grüner Spargel
300 g Kirschtomaten
1 Bund Basilikum
40 g Parmesan

FÜR DIE VINAIGRETTE:
2 EL Rotweinessig
Salz und Pfeffer
½ TL Zucker
5 EL Olivenöl

1. Den Backofen auf 180 °C Umluft (200 °C Ober-/Unterhitze) vorheizen.
2. Ciabatta in sehr dünne Scheiben schneiden. Die Scheiben auf einen Rost legen und im heißen Ofen auf der mittleren Schiene 3–4 Minuten hellbraun rösten. Die Knoblauchzehe schälen, halbieren und die etwas abgekühlten Brotscheiben mit den Schnittflächen des Knoblauchs einreiben.
3. Spargel waschen, im unteren Drittel schälen und die holzigen Enden abschneiden. Die Spargelstangen schräg in 3 cm lange Stücke schneiden. Die Spargelstücke in reichlich kochendem Salzwasser ca. 3 Minuten leicht bissfest garen, abseihen und mit kaltem Wasser abschrecken. Tomaten waschen und halbieren.
4. Basilikum waschen, trocken schütteln und die Blätter grob zupfen. Für die Vinaigrette den Essig mit 3–4 EL Wasser, Salz, Pfeffer und Zucker verrühren. Das Öl nach und nach unterrühren.
5. Spargel und Tomaten mit der Vinaigrette vermischen und kurz ziehen lassen. Brot und Basilikum untermischen und nochmals kurz ziehen lassen. Parmesan mit einem Sparschäler in Späne schneiden. Spargel-Brot-Salat mit Parmesan bestreut servieren.

Sommerlicher Nudelsalat

Dieser Salat bringt dich direkt an die italienische Küste.
Dazu noch leckeres Brot und einen kräftigen Wein und schon ist Urlaubsfeeling bei dir zu Hause.

PORTIONEN: 2–3 • ZEITBEDARF: 40 MINUTEN

ZUTATEN

250 g Fusilli
150 g getrocknete Tomaten in Öl
250 g Kirschtomaten
2 Frühlingszwiebeln
250 g Feta
1 Zucchini
100 g schwarze Oliven (ohne Stein)
2 EL Sonnenblumenkerne

FÜR DAS DRESSING:
3 EL weißer Balsamicoessig
8 EL Olivenöl
1 TL Gemüsebrühe (Pulver)
1 TL Senf
1 Prise Zucker
Salz und Pfeffer

1. Nudeln nach Packungsanleitung in reichlich Salzwasser gar kochen. Abgießen und abkühlen lassen.
2. Die getrockneten Tomaten klein schneiden. Die frischen Tomaten waschen und vierteln. Frühlingszwiebeln waschen, putzen und in feine Ringe schneiden, dabei auch einen Teil von den grünen Stängeln mit verwenden. Feta würfeln. Die Zucchini waschen, Enden abschneiden und in kleine Würfel schneiden. Die Oliven in dünne Scheiben schneiden.
3. Ca. 3 EL Öl aus dem Glas der getrockneten Tomaten in eine Pfanne geben und erhitzen. Die Zucchiniwürfel bei mäßiger Hitze in ca. 5 Minuten weich dünsten.
4. Nudeln in eine Schüssel geben und alle Tomaten, Frühlingszwiebelringe, Olivenscheiben, Fetawürfel und die Sonnenblumenkerne dazugeben. Die Zucchiniwürfel mit dem Öl aus der Pfanne noch warm über den Salat geben.
5. Für das Dressing 100 ml Wasser, Essig, Öl, Gemüsebrühe, Senf und Zucker miteinander mischen, nach Belieben salzen und pfeffern und über den Nudelsalat geben. Alles gut vermengen.

Kartoffelsalat

Das Rezept musste unbedingt in dieses Buch,
denn meine Version ist die weltbeste – versprochen. Probiere es aus!

PORTIONEN: 8 • ZEITBEDARF: 30 MINUTEN

ZUTATEN

2 kg festkochende Kartoffeln
5 Eier (Größe M)
3 Zwiebeln
8 Gewürzgurken
½ l Gemüsebrühe
3 EL milder Essig
1 TL Senf
Salz und Pfeffer
1 Prise Zucker
250 g Mayonnaise

1. Am Vortag die Kartoffeln waschen und in reichlich Salzwasser in ca. 20 Minuten gar kochen. Abgießen und ausdampfen lassen. Abgekühlt schälen, aber noch ganz lassen, und am besten mit einem sauberen Tuch abgedeckt über Nacht kühl stellen.

2. Eier hart kochen, aus dem Wasser nehmen, abschrecken und abkühlen lassen. Anschließend schälen und fein würfeln. Während die Eier kochen, Zwiebeln schälen und sehr fein würfeln. Gewürzgurken ebenfalls in feine Würfel schneiden.

3. Kartoffeln in ziemlich dünne Scheiben schneiden und mit den Zwiebeln mischen.

4. Brühe zusammen mit dem Essig und Senf verrühren. Mit Salz, Pfeffer und Zucker in einem kleinen Topf aufkochen lassen. Etwas abkühlen lassen und dann über die Kartoffeln gießen. Kurz ziehen lassen und dann Eier und Gurken zugeben. Jetzt gut durchziehen lassen und dann erst die Mayonnaise unterheben.

Brokkolisalat

Wenn ich frischen Brokkoli sehe, gehen meine Glücksgefühle in die Höhe. Ich liebe die Farbe Grün auf meinem Teller und bei diesem Salat kommt sie nicht zu knapp.

PORTIONEN: 3–4 • ZEITBEDARF: 25 MINUTEN

ZUTATEN

650 g Brokkoli
1 große rote Zwiebel
8 getrocknete Tomaten in Öl
150 g Kirschtomaten
Salz und Pfeffer
3 EL Weißweinessig
2 EL Olivenöl
½ Bund glatte Petersilie
100 g Feta

1. Brokkoli putzen, in Röschen teilen und in Salzwasser ca. 5 Minuten dünsten. Er sollte noch etwas Biss haben.
2. Zwiebel schälen und in Ringe schneiden. Die eingelegten Tomaten in kleine Stücke schneiden, die Kirschtomaten halbieren. Das Gemüse in eine Schüssel geben.
3. Salz und Pfeffer mit dem Weißweinessig verrühren, das Olivenöl dazugeben. Die Petersilie waschen, trocken schütteln, klein schneiden und zum Dressing geben. Das Dressing mit dem Gemüse vermischen. Zuletzt den Feta in Würfel schneiden und darüberstreuen.

Fix auf dem Tisch!

Tomatenreis mit Feta aus dem Ofen
Panierte Schnitzel aus dem Ofen
Knoblauchstangen
Blechpizza
Krokettenauflauf
Zucchinibratlinge aus dem Ofen
Zitronenpasta
Toast Hawaii
Parmesan-Knoblauch-Kartoffelecken
Das beste Kartoffelgratin

Tomatenreis mit Feta aus dem Ofen

Der Reis ist super schnell im Backofen gemacht und immer ein Hit auf unserem Familientisch. Das Gericht steht in nur 30 Minuten auf dem Tisch. Wir essen am liebsten noch einen knackigen Salat dazu. Fertig ist das leckere Abendessen.

PORTIONEN: 4 • ZEITBEDARF: 20 MINUTEN, 25 MINUTEN BACKEN

ZUTATEN

20 Kirschtomaten
1 Knoblauchzehe
Salz und Pfeffer
etwas Öl für die Form
400 g Feta
2–3 Zweige Thymian
2 Tassen Reis (ca. 200 g)

1. Den Backofen auf 200 °C Ober-/Unterhitze (180 °C Umluft) vorheizen.
2. Kirschtomaten waschen und halbieren. Knoblauchzehe schälen, zu den Tomaten pressen und gut vermischen. Mit Salz und Pfeffer gut würzen. Feta grob würfeln. Thymian waschen und trocken schütteln.
3. Eine ausreichend große Auflaufform mit Öl einfetten. Fetastücke hineinlegen. Reis und Tomaten außenrum verteilen. 3 Tassen Wasser dazugießen und Thymian obenauf legen.
4. Den Auflauf im heißen Backofen auf mittlerer Schiene ca. 25 Minuten backen.

Panierte Schnitzel aus dem Ofen

Ohne Pfannenschlacht und Fettspritzer in der Küche werden diese einfachen und unkompliziert panierten Schnitzel gemacht. Denn sie kommen aus dem Backofen und nicht aus der Pfanne. Egal ob Hähnchen-, Kalbs-, Schweine- oder Putenschnitzel, dieses Schnitzelvergnügen macht viele Esser glücklich. Dazu passen Kartoffelsalat oder Pommes mit einem Salat.

PORTIONEN: 4 • ZEITBEDARF: 25 MINUTEN, 25 MINUTEN BACKEN

ZUTATEN

4 Schnitzel (Kalb, Schwein, Pute oder Hähnchen)
2 Eier
1 TL Salz
50 g Mehl
80 g Paniermehl
6 EL Öl
1 TL Paprikapulver
1 Prise Chiliflocken

1. Den Backofen auf 220 °C Ober-/Unterhitze (200 °C Umluft) vorheizen. Ein Backblech mit Backpapier belegen.
2. Schnitzel abtupfen und zwischen zwei Lagen Frischhaltefolie so dünn wie möglich klopfen.
3. Eier in einem tiefen Teller mit dem Salz verquirlen. Mehl und Paniermehl jeweils auf einen flachen Teller geben.
4. Die Schnitzel nacheinander zuerst in Mehl, dann in Ei und zuletzt in Paniermehl wenden. Die panierten Schnitzel auf das Blech legen.
5. Öl mit Paprikapulver und Chiliflocken vermischen und die Schnitzel damit bestreichen. Die Schnitzel im Ofen ca. 25 Minuten backen.

Knoblauchstangen

Diese Stangen können beim Picknick oder bei einer längeren Autofahrt wahre Snacklieblinge werden. Achtung Suchtgefahr, also direkt lieber die doppelte Menge zubereiten.

PORTIONEN: 12 • ZEITBEDARF: 15 MINUTEN, 25 MINUTEN BACKEN

ZUTATEN

1 Pck. Blätterteig
100 g geriebener Gouda
100 g geriebener Parmesan
1 Eigelb
¼ Bund frische Petersilie
2 Knoblauchzehen
4 EL Olivenöl
Salz und Pfeffer

1. Den Backofen auf 200 °C Ober-/Unterhitze bzw. entsprechend der Packungsanleitung des Blätterteigs vorheizen.
2. Blätterteig ausrollen und den Gouda sowie 50 g Parmesan darauf verteilen. Mit einem Nudelholz alles fest andrücken bzw. anrollen, sodass der Käse auf dem Blätterteig hält.
3. Blätterteig der Länge nach zusammenklappen und von oben nach unten in mehrere kleine Stangen schneiden.
4. Das Eigelb verquirlen und die Stangen damit bestreichen.
5. Die Stangen etwas eindrehen und auf ein mit Backpapier belegtes Backblech legen. Mit dem restlichen Parmesan bestreuen und ca. 25 Minuten im Ofen backen.
6. In der Zwischenzeit die Petersilie waschen, trocken schütteln und fein hacken. Den Knoblauch schälen, dazu pressen, mit Öl, Salz und Pfeffer vermengen und die noch warmen Stangen damit bestreichen.

Blechpizza

Eine Pizza auf die etwas andere Art. Sie ist kinderleicht zubereitet und eine tolle Alternative zur herkömmlichen Pizza.

PORTIONEN: 3–4 • ZEITBEDARF: 20 MINUTEN, 35 MINUTEN BACKEN

ZUTATEN

200 g Mehl
250 ml Milch
3 Eier (Größe M)
200 g geriebener Gouda
1 kleine Dose Mais (ca. 150 g)
240 g Salami
2 rote Paprikaschoten
1 Zwiebel
Salz und Pfeffer
2 TL Pizzagewürz

1. Den Backofen auf 200 °C Umluft (220 °C Ober-/ Unterhitze) vorheizen. Mehl, Milch und Eier miteinander verrühren. Käse und Mais dazugeben und gut verrühren.
2. Salami klein schneiden. Paprika waschen, entkernen und ebenfalls in kleine Stücke schneiden. Zwiebel schälen und fein würfeln. Salami und Gemüse zur Teigmasse geben. Mit Salz, Pfeffer und Pizzagewürz kräftig würzen.
3. Ein Backblech mit Backpapier auslegen und die Masse darauf verteilen.
4. Die Pizza ca. 35 Minuten backen, bis die Ränder goldbraun sind.

Krokettenauflauf

Easy-peasy ist dieser Auflauf. Wenn du eine Pfanne hast, die in den Ofen kann,
musst du ihn nicht mal extra in eine Auflaufform geben.
Ein richtig schönes Soulfood für kältere Tage.

PORTIONEN: 2 • ZEITBEDARF: 30 MINUTEN, 20 MINUTEN BACKEN

ZUTATEN

500 g Champignons
1 Zwiebel
2 Knoblauchzehen
1 EL Butter
50 ml Weißwein
200 g Sahne
½ TL Kräutermischung
Salz und Pfeffer
500 g Kroketten
150 g geriebener Käse

1. Den Backofen auf 200 °C Umluft (220 °C Ober-/ Unterhitze) vorheizen.
2. Champignons putzen und in Scheiben schneiden. Zwiebeln und Knoblauch schälen und fein hacken.
3. Champignons, Zwiebeln und Knoblauch mit der Butter in einer Pfanne anbraten. Mit einem Schuss Weißwein ablöschen. Sahne und Kräuter dazugeben. Mit Salz und Pfeffer abschmecken.
4. Alles in eine Auflaufform geben, Kroketten und Käse obendrauf verteilen.
5. Ca. 20 Minuten im Ofen backen, bis alles schönbraun ist.

Zucchinibratlinge aus dem Ofen

Dieses Rezept begeistert auch »Nicht-Gemüse-Fans«, und mit einem frischen Salat oder Kartoffelwedges hast du ein ganzes Gericht für alle gezaubert.

PORTIONEN: 4–6 • ZEITBEDARF: 25 MINUTEN, 30 MINUTEN BACKEN

ZUTATEN

2 Zucchini
2 Eier (Größe M)
8 EL Paniermehl
5 EL feine Haferflocken
1 Zwiebel
½ Bund glatte Petersilie
Salz und Pfeffer

1. Den Backofen auf 200 °C Umluft (220 °C Ober-/ Unterhitze) vorheizen.
2. Zwiebel schälen und fein würfeln. Zucchini waschen, Enden abschneiden, fein raspeln und ausdrücken, bis kein Saft mehr rauskommt. Petersilie waschen, trocken schütteln und fein hacken.
3. Alle Zutaten miteinander vermengen und mit Salz und Pfeffer abschmecken. Mit den Händen 8 Patties formen und auf ein mit Backpapier belegtes Backblech legen.

Zitronenpasta

Unser Retter, wenn wir abends noch ein kleines Hüngerchen haben und nicht zu etwas Süßem greifen wollen. Mit einem schön gekühlten Glas Weißwein perfekt.

PORTIONEN: 2 • ZEITBEDARF: 30 MINUTEN

ZUTATEN

400 g Spaghetti
1 Bio-Zitrone
2 Eigelb
Salz und Pfeffer
2 Knoblauchzehen
1 Schuss Olivenöl
100 g Parmesan

1. Spaghetti nach Packungsanweisung in reichlich Salzwasser al dente kochen. Beim Abgießen das Wasser auffangen.
2. Zitrone heiß abwaschen und trocken reiben. Die Hälfte der Schale abreiben und den Saft auspressen. Eigelb in einer großen Schüssel mit Parmesan, Zitronenschale, Salz und Pfeffer verquirlen. Dann den Zitronensaft dazugeben und 1 kleine Kelle warmes Pastawasser unterrühren.
3. Knoblauch schälen, fein hacken und in einer Pfanne mit etwas Öl anbraten, danach die Eigelb-Mischung dazugeben. Schnell die Spaghetti und 1 bis 2 Kellen Pastawasser dazugeben.
4. Alles so lange schwenken, bis eine cremige Konsistenz entsteht.

Toast Hawaii

»Nanananananana, das ist der Hawaii Toast, Toast Hawaii schmeckt allen gut.
Was ist mir dir?« Wer kennt ihn nicht, diesen Song?!
Direkt beim Zubereiten dieses Lied anmachen und gute Laune versprühen.

PORTIONEN: 3–4 • ZEITBEDARF: 10 MINUTEN, 15 MINUTEN BACKEN

ZUTATEN

- 4 Scheiben Toastbrot
- etwas Margarine
- 4 Scheiben Ananas aus der Dose
- 4 Scheiben gekochter Schinken
- 4 Scheiben Schmelzkäse (Emmentaler)
- 4 EL Sauce Hollandaise
- 4 TL Johannisbeergelee

1. Den Backofen auf 200 °C Ober-/Unterhitze (180 °C Umluft) vorheizen. Toastbrot toasten und danach gleichmäßig mit Margarine bestreichen.
2. Auf jede Scheibe Toast 1 EL Sauce Hollandaise, 1 Scheibe Kochschinken, 1 Ananas und 1 Scheibe Käse geben. Auf ein mit Backpapier belegtes Backblech legen.
3. Ca. 10 Minuten im Ofen backen, bis der Käse zerläuft. Mit einem Klecks Johannisbeergelee servieren.

Parmesan-Knoblauch-Kartoffelecken

Diese Kartoffelecken sind genau das Richtige für dich, wenn du es gern deftig magst und etwas Neues ausprobieren willst. Dazu schmeckt Sour Cream mit ein paar frischen Kräutern wirklich köstlich, alternativ kannst du die Wedges natürlich auch als Beilage zu einem leckeren Steak oder gebratenem Fisch servieren. Deiner Kreativität sind keine Grenzen gesetzt.

PORTIONEN: 2 • ZEITBEDARF: 15 MINUTEN, 40 MINUTEN BACKEN

ZUTATEN

3 große Kartoffeln
50 g Parmesan
1 TL Backpulver
4 EL Olivenöl
2 TL Knoblauchpulver
2 TL Paprikapulver
2 TL italienische Kräuter (TK)
Salz und Pfeffer

1. Den Backofen auf 200 °C Ober-/Unterhitze (180 °C Umluft) vorheizen.
2. Kartoffeln gründlich waschen, trocknen, in Spalten schneiden und in einer Schüssel mit Parmesan, Backpulver und Olivenöl vermischen. Die Gewürze in einer separaten Schüssel vermengen und dann zu den Kartoffeln geben.
3. Noch einmal kräftig durchmischen, die Kartoffelecken dann auf einem mit Backpapier ausgelegten Backblech verteilen und ca. 40 Minuten backen.

Das weltbeste Kartoffelgratin

Die perfekte vegetarische Kost und eine Kindheitserinnerung in einem.
Viel Freude mit meinem Gratinrezept.

PORTIONEN: 4 • ZEITBEDARF: 25 MINUTEN, 60 MINUTEN BACKEN

ZUTATEN

Butter für die Form
1 Knoblauchzehe
800 g festkochende Kartoffeln
Kräutersalz
½ TL frisch geriebene Muskatnuss
250 g Sahne
250 ml Vollmilch
1 EL Gemüsebrühe (Pulver)
Pfeffer

1. Den Backofen auf 180 °C Ober-/Unterhitze (160 °C Umluft) vorheizen. Eine flache Auflaufform mit Butter einfetten.
2. Knoblauch schälen, fein würfeln und in der Form verteilen.
3. Kartoffeln waschen, trocknen, schälen und in feine Scheiben schneiden. Die Hälfte der Kartoffelscheiben in die Form schichten. Mit Kräutersalz und frisch geriebener Muskatnuss leicht würzen, anschließend die restlichen Kartoffeln darauf schichten.
4. Die Sahne und die Milch mischen. Mit der Gemüsebrühe, Kräutersalz, Muskatnuss und Pfeffer kräftig würzen. Die Mischung über die Kartoffeln geben. Die Butter in Flöckchen auf dem Gratin verteilen und dann ca. 1 Stunde backen.

Was gibt es heute?

Cremige Kartoffeln
Bruschetta-Hähnchen-Pasta
Hähnchenschenkel mit Knusperreis
Fajita-Blech
Vodka-Pasta
Lachs-Spinat-Parmesan-Auflauf
Pfannenknödel mit Pilzgulasch
Kartoffel-Bratwurst-Pfanne
Paprikapfanne mit Pfannenbrot
Cremige Pasta mit Kürbis
Wikinger-Eintopf
Brokkoli-Pasta-Auflauf
Lachs im Spinat-Blätterteig-Mantel
Wrap-Lasagne Mexican Style
Hähnchen Caprese
Spaghetti aglio
Maultaschen-Spinat-Auflauf
Feurige Tortilla-Pizza
Cremiger Nudelauflauf mit Tomaten und Mozzarella
Blätterteigpizza mit Ziegenkäse und Honig

Cremige Kartoffeln

Schon mal cremige Kartoffeln gemacht? Nein, dann ist es jetzt an der Zeit. Kartoffeln können so viel mehr als nur gekocht oder knusprig zu sein.

PORTIONEN: 2 • ZEITBEDARF: 30 MINUTEN, 20–30 MINUTEN BACKEN

ZUTATEN

- 750 g festkochende Speisekartoffeln
- Olivenöl für die Kartoffeln
- 1 große Zwiebel
- 2 Knoblauchzehen
- etwas Bratöl (z. B. Sonnenblumenöl) zum Anbraten
- 400 g Sahne
- 1 EL Rosmarin
- 1 EL Paprikapulver
- ½ EL Chiliflocken
- Salz und Pfeffer
- 100 g frisch geriebener Parmesan
- etwas frische, gehackte Petersilie zum Servieren

1. Kartoffeln waschen, trocknen, schälen und in mundgerechte Würfel schneiden. Danach in kochendem Salzwasser ca. 10 Minuten kochen. Abgießen und kurz abtropfen lassen.
2. Den Backofen auf 220 °C Ober-/Unterhitze (200 °C Umluft) vorheizen.
3. Die Kartoffeln auf ein mit Backpapier belegtes Blech geben, mit Olivenöl marinieren und ca. 20–30 Minuten backen, bis sie schön goldbraun sind.
4. In der Zwischenzeit Zwiebel und Knoblauch schälen und fein schneiden. In einer Pfanne etwas Bratöl erhitzen und Zwiebeln und Knoblauch darin andünsten.
5. Sahne und Gewürze dazugeben und bei niedriger Temperatur einmal aufkochen.
6. Zum Schluss Parmesan unterrühren und die gebackenen Kartoffeln unterheben. Mit frisch gehackter Petersilie servieren.

Bruschetta-Hähnchen-Pasta

Zwei meiner Lieblingszutaten vermischt und im Nu ist wieder ein Rezept mit Suchtgefahr entstanden.

PORTIONEN: 2 • ZEITBEDARF: 35 MINUTEN

ZUTATEN

300 g Fleischtomaten
2 Knoblauchzehen
einige Basilikumblätter
6 EL Olivenöl
Salz und Pfeffer
250 g Hähnchenbrustfilet
200 g Spaghetti
etwas Bratöl (z. B. Sonnenblumenöl) zum Anbraten
30 g Parmesan zum Servieren

1. Tomaten waschen, Stielansatz entfernen und würfeln. Knoblauch schälen. Basilikum waschen, trocken schütteln und fein hacken. Die Tomaten in eine Schüssel geben. Den Knoblauch dazu pressen. Olivenöl und Basilikum dazugeben und alles gut verrühren. Mit Salz und Pfeffer würzen.

2. Hähnchenbrustfilet waschen, trocken tupfen, mit Salz und Pfeffer würzen und in einer Pfanne mit Bratöl von beiden Seiten knusprig anbraten. Sind die Filets fertig, mit einer Gabel auseinanderzupfen.

3. Spaghetti nach Packungsanleitung in reichlich Salzwasser al dente kochen und abgießen.

4. Zum Schluss alle Zutaten in einem großen Topf miteinander vermengen. Parmesan hobeln und zu den Nudeln servieren.

Hähnchenschenkel mit Knusperreis

Dieses Gericht ist einfach der Knaller und sollte nicht nur einmal im Jahr auf dem Tisch stehen.

PORTIONEN: 4 • ZEITBEDARF: 20 MINUTEN, 30–45 MINUTEN BACKEN

ZUTATEN

3 mittelgroße Zwiebeln
4 Knoblauchzehen
80 g Butter
2 Tassen Reis (ca. 200 g)
1 Tasse kräftige Gemüsebrühe
4 Hähnchenschenkel
etwas Rosmarin

1. Den Backofen auf 190 °C Umluft (210 °C Ober-/ Unterhitze) vorheizen.
2. Zwiebeln und Knoblauch schälen und fein würfeln. Beides auf ein tiefes Backblech geben, Butter in Stückchen dazugeben und im Ofen ca. 10 Minuten andünsten.
3. Danach den Reis auf das Blech geben und gleichmäßig verteilen. Gemüsebrühe und 1½ Tassen Wasser dazuschütten. Die Hähnchenschenkel darauf legen und etwas Rosmarin darüberstreuen.
4. Im Ofen ca. 30–45 Minuten backen, bis der Reis oben goldbraun und damit schön knusprig wird.

Fajita-Blech

All you need is … Chicken Fajitas vom Blech.

PORTIONEN: 2–3 • ZEITBEDARF: 20 MINUTEN, 30 MINUTEN BACKEN

ZUTATEN

2 Hähnchenbrustfilets
je 1 rote, gelbe und grüne Paprikaschote
2 rote Zwiebeln
2 Knoblauchzehen
1 TL Kreuzkümmel
1 EL Paprikapulver
1 TL Chiliflocken
Salz und Pfeffer
Olivenöl
1 Packung Wraps (ca. 6–8 Stück)
Schmand zum Servieren
Petersilie zum Servieren

1. Den Backofen auf 200 °C Umluft (220 °C Ober-/ Unterhitze) vorheizen.
2. Hähnchenbrustfilet waschen, trocken tupfen und in Streifen schneiden. Paprikaschoten waschen, entkernen und ebenfalls in Streifen schneiden. Zwiebeln und Knoblauch schälen und in feine Streifen schneiden.
3. Alles mit den Gewürzen und reichlich Öl vermischen und auf ein mit Backpapier belegtes Backblech geben und ca. 30 Minuten backen.
4. Wraps nach Packungsanleitung in einer Pfanne von beiden Seiten ausbacken.
5. Wenn das Fleisch mit dem Gemüse fertig ist, aus dem Ofen nehmen, frische Petersilie dazugeben und in die Wraps füllen und mit einem Klecks Schmand servieren.

Vodka-Pasta

In vollen Zügen genießen und danach sofort die zweite Portion nehmen.
Das ist die Magie von Vodka-Pasta, versprochen.

PORTIONEN: 2 • ZEITBEDARF: 25 MINUTEN

ZUTATEN

300 g Rigatoni
1 Knoblauchzehe
1 rote Zwiebel
etwas Olivenöl
50 g Tomatenmark
200 g Sahne
4 EL Vodka
1 TL Chiliflocken
80 g Parmesan
Salz und Pfeffer

1. Pasta nach Packungsanleitung in reichlich Salzwasser al dente kochen. Beim Abgießen das Wasser auffangen.
2. Knoblauch schälen und fein hacken. Zwiebel schälen und fein würfeln.
3. Olivenöl in einer Pfanne erhitzen und Knoblauch und Zwiebel darin andünsten.
4. Tomatenmark hinzugeben und mit Sahne und Wodka ablöschen. Chiliflocken hinzufügen.
5. Eine Kelle Pastawasser hinzugeben und Parmesan und Pasta unterrühren, bis alles schön cremig ist.

Lachs-Spinat-Parmesan-Auflauf

Perfekt, wenn es mal etwas mit Fisch geben soll, aber bitte nicht zu aufwendig.

PORTIONEN: 2 • ZEITBEDARF: 30 MINUTEN

ZUTATEN

1 Zwiebel
1 Knoblauchzehe
15 Kirschtomaten
4 schmale Lachsfilets
1 TL Paprikapulver
Salz und Pfeffer
etwas Öl zum Braten

1. Zwiebel schälen und fein würfeln. Knoblauch schälen und fein hacken. Kirschtomaten waschen und halbieren.
2. Lachsfilets waschen, trocken tupfen und mit Paprikapulver, Salz und Pfeffer würzen. In einer Pfanne mit etwas Öl von beiden Seiten gut anbraten und aus der Pfanne nehmen.
3. Zwiebeln, Knoblauch und Schinkenwürfel in die Pfanne geben und kurz anbraten.
4. Tomaten, Spinat und Tomatenmark mit in die Pfanne geben und 1 Minute weiterbraten. Alles mit der Sahne ablöschen und 3–5 Minuten köcheln lassen, bis die Sauce eindickt. Mit Salz und Pfeffer abschmecken.
5. Parmesan reiben und mit zur Sauce geben.
6. Lachsfilets wieder in die Pfanne geben und weitere 10 Minuten köcheln lassen. Mit etwas Sesam garnieren und servieren.

Pfannenknödel mit Pilzgulasch

Super, wenn es mal vegetarisch sein soll und du alle satt bekommen willst.

PORTIONEN: 2 • ZEITBEDARF: 40 MINUTEN

ZUTATEN

1 Zwiebel
frische Petersilie (nach Belieben)
frischer Schnittlauch (nach Belieben)
1 Baguette
400 ml Milch
½ TL Muskatnuss
2 EL Butter
100 g Mehl
Rapsöl zum Anbraten
1 kleine Stange Porree
250 g Champignons
1 TL Maisstärke
1 EL Gemüsebrühe (Pulver)
50 ml Sojasauce
2 EL Tomatenmark
1 Knoblauchzehe
Salz und Pfeffer

1. Zwiebel schälen, eine Hälfte würfeln und die andere Hälfte in Halbringe schneiden. Petersilie und Schnittlauch waschen, trocken schütteln und fein hacken.
2. Baguette in Würfel schneiden. Die Hälfte der Milch mit Muskatnuss, 75 ml Wasser und Butter in einem kleinen Topf erwärmen.
3. Baguettewürfel mit Mehl, Zwiebelwürfeln und Kräuter in eine große Schüssel geben. Alles mit der warmen Milch übergießen und mit den Händen verkneten, sodass ein homogener Teig entsteht. Patties daraus formen und in einer Pfanne mit Öl anbraten.
4. Porree waschen, putzen und in Streifen schneiden. Champignons putzen und vierteln. Alles zu den Patties in die Pfanne geben und anbraten. Bei Bedarf noch etwas Öl hinzufügen.
5. In einer Schale die restliche Milch mit Maisstärke und Gemüsebrühe verrühren.
6. Sojasauce und Tomatenmark mit in die Pfanne geben und 1 Minute weiter anbraten. Alles mit der Milchmischung ablöschen und 3–5 Minuten köcheln lassen, bis die Sauce eindickt. Mit Salz und Pfeffer abschmecken.

Kartoffel-Bratwurst-Pfanne

Ich kenne niemanden, der hier seine Portion nicht komplett aufisst und danach nicht unglaublich traurig ist, weil nach der zweiten Portion kein Nachschlag mehr übrig ist.

PORTIONEN: 3–4 • ZEITBEDARF: 45 MINUTEN

ZUTATEN

500 g Kartoffeln
1 Zwiebel
2 Möhren
4 Bratwürste
Öl zum Braten
200 g Sahne
1 TL Gemüsebrühe (Pulver)
½ TL Paprikapulver
etwas Schnittlauch

1. Kartoffeln waschen und in reichlich Salzwasser ca. 25 Minuten gar kochen. Abgießen und etwas abkühlen lassen.
2. Zwiebel schälen und fein würfeln. Möhren waschen, putzen, schälen und in Scheiben schneiden. Kartoffeln schälen und in große Würfel schneiden. Bratwurst grob würfeln.
3. Etwas Öl in einer großen Pfanne erhitzen. Zwiebel darin andünsten. Bratwürste, Möhren und Kartoffeln dazugeben. Alles anbraten.
4. Mit Sahne ablöschen und Gemüsebrühe dazugeben. Mit Paprikapulver würzen.
5. Alles 15 Minuten köcheln und mit etwas Schnittlauch servieren.

Paprikapfanne mit Pfannenbrot

Dieses Rezept schreit einfach nach Herbst und gemütlichen Sonntagen zu Hause.

PORTIONEN: 3–4 • ZEITBEDARF: 35 MINUTEN

ZUTATEN

1 Zwiebel
1 Knoblauchzehe
3 rote Paprikaschoten
500 g Hackfleisch
Öl zum Anbraten
400 ml Rinderbrühe
etwas Gurkenwasser (aus einem Gürkchenglas)
4 EL Tomatenmark
2 TL Senf
1 EL Mehl
Salz und Pfeffer
Chiliflocken

FÜR DAS PFANNENBROT:

400 g Mehl
1 Ei (Größe M)
250 g Joghurt
1 TL Salz
1 TL Backpulver

1. Zwiebel und Knoblauch schälen und fein würfeln. Paprikaschoten waschen, entkernen und ebenfalls in feine Würfel schneiden.
2. Das Öl in einer großen Pfanne erhitzen. Hackfleisch darin anbraten. Paprika, Zwiebel und Knoblauch dazugeben und weiterbraten.
3. Mit Brühe, Gurkenwasser, Tomatenmark ablöschen und Senf unterrühren. Mit geschlossenem Deckel 25 Minuten köcheln lassen.
4. Mehl mit einem Glas Wasser verrühren und zur Hack-Paprika-Pfanne geben. Mit Salz, Pfeffer und Chiliflocken würzen und so lange köcheln lassen, bis es eingedickt ist.
5. Für das Pfannenbrot alle Zutaten miteinander verkneten und in sechs gleich große Teiglinge teilen. Diese mit einem Nudelholz flach ausrollen und ohne Öl in einer Pfanne ausbacken. So lange backen und dabei immer wieder wenden, bis beide Seiten schön braun gebacken sind.

Cremige Pasta mit Kürbis

So essen wir gern Kürbis, am besten in Kombination mit Pasta.
Beide scheinen füreinander bestimmt.
Alternativ schmeckt das Rezept auch mit Süßkartoffeln sehr lecker.

PORTIONEN: 3–4 • ZEITBEDARF: 20 MINUTEN, 25 MINUTEN BACKEN

ZUTATEN

1 Butternut-Kürbis oder 1 große Süßkartoffel
1 Zwiebel
2 Knoblauchzehen
500 g Babyspinat
400 g Pasta (am besten Bandnudeln)
Öl zum Anbraten
200 g Sahne
Thymian (nach Belieben)
Salz und Pfeffer
2 Kugeln Mozzarella (ca. 125 g)

1. Kürbis waschen, schälen und die Kerne mit einem Löffel entfernen. Das Fruchtfleisch würfeln. Zwiebel und Knoblauch schälen und fein würfeln. Babyspinat waschen und trocken schütteln.

2. Pasta nach Packungsanleitung in reichlich Salzwasser al dente kochen. Beim Abgießen das Pastawasser auffangen.

3. Das Öl in einer Pfanne erhitzen. Die Hälfte der Kürbiswürfel darin anbraten, bis sie leicht gebräunt sind, und mit der Sahne, zwei Kellen Pastawasser, Thymian nach Belieben, Salz und Pfeffer in einen Mixer geben und zu einer Sauce vermixen. Die Sauce mit der Pasta vermengen.

4. Den Backofen auf 200 °C Umluft (220 °C Ober-/ Unterhitze) vorheizen.

5. Den restlichen Kürbis mit Zwiebeln und Knoblauch in etwas Öl anbraten und am Ende den Spinat dazugeben. Warten, bis der Spinat zusammenfällt und alles mit der Pasta vermengen.

6. Alles in eine Auflaufform geben. Den Mozzarella in kleine Stücke rupfen und auf dem Auflauf verteilen und im Ofen ca. 25 Minuten backen.

Wikinger-Eintopf

Dieses Rezept ist entstanden, als wir in Süddeutschland Urlaub gemacht haben und ich irgendwie ein wenig die See vermisst habe – deswegen auch Wikinger-Eintopf.

PORTIONEN: 3–4 • ZEITBEDARF: 35 MINUTEN

ZUTATEN

500 g Rinderhackfleisch
1 TL Senf
1 TL Salz
2 TL Paprika (edelsüß)
1 TL Pfeffer
je 2 TL getrockneter Thymian und Oregano
Öl zum Anbraten

FÜR DIE SAUCE:
½ kleine Zwiebel
1 Knoblauchzehe
300 g Möhren
2 EL Butter
1 EL Mehl
400 ml Gemüsebrühe
250 g Erbsen (TK)
200 g Sahne
300 ml Milch

1. Hackfleisch mit dem Senf und den Gewürzen in eine Schüssel geben. Alles miteinander vermischen und aus der Masse gleichmäßig große Fleischbällchen formen. Zwiebel und Knoblauch schälen und fein würfeln. Möhren waschen, putzen und in Würfel schneiden.

2. In einer Pfanne etwas Öl erhitzen und die Bällchen von allen Seiten schön anbraten.

3. Die Bällchen aus der Pfanne nehmen und die Zwiebel und den Knoblauch für die Sauce mit der Butter andünsten. Das Mehl hinzugeben, unter ständigem Rühren 2–3 Minuten anschwitzen und mit Gemüsebrühe ablöschen.

4. Erbsen, Möhren, Sahne und Milch dazugeben. Ca. 20 Minuten köcheln lassen.

5. Die Bällchen wieder dazugeben und ca. 5 Minuten ziehen lassen.

Brokkoli-Pasta-Auflauf

Grün, grün, grün sind alle meine Aufläufe – na ja, fast!
Aber wenn es nach mir geht, kann Brokkoli eigentlich überall hinein.

PORTIONEN: 3–4 • ZEITBEDARF: 15 MINUTEN, 15 MINUTEN BACKEN

ZUTATEN

500 g Spirelli
500 g Brokkoli
100 g Schinken
250 g Sahne
1 Ei (Größe M)
Salz und Pfeffer
200 g geriebener Gouda

1. Pasta nach Packungsanleitung in reichlich Salzwasser al dente kochen.
2. Den Backofen auf 180 °C Umluft (200 °C Ober-/ Unterhitze) vorheizen. Brokkoli putzen und in Röschen teilen. Schinken in Streifen schneiden.
3. Reichlich Wasser in einem Topf zum Kochen bringen und den Brokkoli darin in ca. 2–3 Minuten bissfest garen.
4. Nudeln und Brokkoli in eine gefettete Auflaufform geben, Schinken darauf verteilen. Sahne, Ei, Salz, Pfeffer und Käse verquirlen, über den Nudeln verteilen, im Ofen ca. 15 Minuten backen.

Lachs im Spinat-Blätterteig-Mantel

Das Gericht gibt es fertig zu kaufen, allerdings ist meine Version um Längen besser. Der Blätterteig wird herrlich knusprig und der Fisch schmeckt schön intensiv.

PORTIONEN: 3–4 • ZEITBEDARF: 30 MINUTEN, 35 MINUTEN BACKEN

ZUTATEN

500 g Blattspinat (TK)
500 g Lachs
½ Zitrone
Salz und Pfeffer
1 Ei (Größe M)
1 Knoblauchzehe (nach Belieben)
250 g saure Sahne
1 Packung Blätterteig

FÜR DIE SAUCE:

3 EL Butter
3 EL Mehl
750 ml Gemüsebrühe
250 g Sahne
1 Schuss Weißwein

1. Den Backofen auf 180 °C Umluft (200 °C Ober-/ Unterhitze) vorheizen. Ein Backblech mit Backpapier belegen.
2. Reichlich Wasser in einem Topf erhitzen. Den Blattspinat darin kurz auftauen, blanchieren, abgießen und abtropfen lassen.
3. Den Lachs waschen, trocken tupfen und in kleine Stücke schneiden. Die Zitrone auspressen. Den Lachs mit Zitronensaft und Salz würzen, dann beiseitestellen. Das Ei trennen. Nach Belieben Knoblauch schälen und fein hacken.
4. Saure Sahne mit dem Eigelb verrühren, mit Salz und Pfeffer kräftig würzen und nach Belieben etwas Knoblauch hinzufügen.
5. Den Blätterteig ausbreiten. Zuerst den Spinat, dann den Lachs und anschließend die Saure-Sahne-Mischung darauf verstreichen, dabei rundherum einen kleinen Rand frei lassen. Nun noch die Ränder des Teigs mit Eiweiß einpinseln und von der langen Seite her aufrollen. Auf das Blech legen und ca. 35 Minuten im Ofen backen.
6. Für die Sauce Butter schmelzen, das Mehl einrieseln lassen und nach und nach die Gemüsebrühe einrühren. Sahne und Weißwein zugeben, einmal aufkochen und mit Salz und Pfeffer abschmecken.

Wrap-Lasagne Mexican Style

Lasagne bitte ab sofort nur im Mexican Style. Den Klassiker mag ich auch, aber dieser hier ist nun wirklich mein Liebling geworden.

PORTIONEN: 3–4 • ZEITBEDARF: 20 MINUTEN, 15 MINUTEN BACKEN

ZUTATEN

500 g Rinderhackfleisch
Öl zum Anbraten
1 Zwiebel
1 Knoblauchzehe
2 EL Tomatenmark
250 ml Rotwein
1 TL Brühe
150 g Jalapeños (aus dem Glas)
150 g Mais (aus der Dose)
Salz und Pfeffer
4 Wraps
175 g geriebener Käse
75 g Tortillachips

FÜR DIE SAUCE:
2 Avocados
2 EL Limettensaft
40 g Butter
1 Lorbeerblatt
40 g Mehl
400 ml Milch
Muskatnuss

1. Hackfleisch mit etwas Öl in einer Pfanne anbraten. Zwiebeln und Knoblauch schälen, würfeln und in die Pfanne geben.
2. Tomatenmark hinzufügen und kurz anbraten, dann mit dem Rotwein ablöschen. Gemüsebrühe hinzufügen und unter Rühren die Flüssigkeit fast ganz verdunsten lassen. Nun die Jalapeños und den Mais gründlich abtropfen lassen und in die Pfanne geben. Mit Salz und Pfeffer abschmecken. Es sollte nur wenig Flüssigkeit verbleiben, da sich sonst die Wraps zu stark vollsaugen.
3. Den Backofen auf 180 °C Ober-/Unterhitze (160 °C Umluft) vorheizen.
4. Für die Sauce die Avocados halbieren, Kern entfernen und das Fruchtfleisch aus der Schale löffeln. Mit einer Gabel fein zerdrücken und das Mus mit dem Limettensaft, Salz und Pfeffer abschmecken. Beiseitestellen.
5. Butter in einer Pfanne zerlassen, dann das Lorbeerblatt sowie das Mehl hinzufügen und dieses unter Rühren 2–3 Minuten braun anbraten. Milch zugeben und so lange verrühren, bis eine sämige, homogene Sauce entsteht. Lorbeerblatt entfernen und Muskatnuss und Avocadomus unterrühren.
6. Eine Auflaufform leicht einfetten und zunächst einen Wrap hineinlegen. Nun die Hälfte der Bolognese darauf verteilen, einen weiteren Wrap darauflegen und die Hälfte der Guacamole-Sauce darauf verteilen. Diese Schichten wiederholen und auf der obersten Guacamole-Schicht den Käse verteilen. Abschließend die Tortillachips zerbröseln und über den Käse streuen.
7. Im Ofen ca. 15 Minuten überbacken.

Hähnchen Caprese

Falls du noch nie ein richtig gutes Rezept mit Hähnchen zubereitet hast, dann ist jetzt der richtige Zeitpunkt. Auch dieses Rezept ist super easy und mit Parmesan-Kartoffeln dazu eine klasse Mahlzeit.

PORTIONEN: 3–4 • ZEITBEDARF: 20 MINUTEN, 30 MINUTEN BACKEN

ZUTATEN

4 Hähnchenbrustfilets
Salz und Pfeffer
1 EL Öl
250 g Kirschtomaten
etwas frischer Basilikum
200 g Sahne
100 g Sahne-Schmelzkäse
125 g Mozzarella
1 EL Kräuterbutter

1. Das Fleisch waschen und trocken tupfen. Mit Salz und Pfeffer würzen. Öl in einer Pfanne erhitzen. Filets darin von allen Seiten ca. 5 Minuten kräftig anbraten.
2. Tomaten waschen und halbieren. Basilikumblätter waschen, trocken schütteln und fein hacken.
3. Den Backofen auf 200 °C Ober-/Unterhitze (180 °C Umluft) vorheizen.
4. Sahne in einem Topf aufkochen lassen. Schmelzkäse hineinrühren und schmelzen lassen. Mit Salz und Pfeffer würzen. $^2/_3$ vom Basilikum unterrühren.
5. Fleisch und Tomaten in eine gefettete Auflaufform geben. Sauce darüber gießen. Mozzarella in kleine Stückchen schneiden und auf dem Fleisch verteilen. 1 EL Kräuterbutter in kleinen Flöckchen darauf verteilen.
6. Im Ofen ca. 30 Minuten backen. Herausnehmen und mit restlichem Basilikum bestreuen.

Spaghetti aglio

Alle lieben Spaghetti – und als aglio sowieso. Perfekt für ein Buffett oder einfach so, um es vor dem Fernseher zu schnabulieren.

PORTIONEN: 3–4 • ZEITBEDARF: 15 MINUTEN

ZUTATEN

500 g Spaghetti
1 Tomate
5 Knoblauchzehen
2 Peperoni
1 TL klein geschnittenes Basilikum
1 TL klein geschnittener Oregano
5 EL klein geschnittene Petersilie
2 TL Gemüsebrühe (Pulver)
40 g Parmesan
100 ml Olivenöl
½ TL Salz

1. Spaghetti nach Packungsanleitung in reichlich Salzwasser al dente kochen. Beim Abgießen das Nudelwasser auffangen.
2. Tomate waschen, Stielansatz entfernen, in kleine Würfel schneiden und in eine Schüssel geben. Knoblauch schälen und klein schneiden, leicht salzen, kurz warten und zerdrücken.
3. Peperoni waschen, Kerne entfernen und ebenfalls klein schneiden. Zusammen mit Basilikum, Oregano und Petersilie in die Schüssel zu den Tomaten geben.
4. Gemüsebrühe hinzugeben und schon ist die Würzmischung fertig. Nun die 2 Kellen des Nudelwassers hinzugeben. Alles gut verrühren und 2 Minuten ziehen lassen. Den Parmesan reiben.
5. Nudeln gut abtropfen lassen und in einer heißen Pfanne maximal 1 Minute schwenken. Nun die Würzmischung hinzugeben, gut vermischen und dann den Parmesan hinzugeben.
6. Vor dem Servieren noch das kalte Olivenöl darübergeben und vermischen.

Maultaschen-Spinat-Auflauf

Wer findet, dass Maultaschen langweilig sind,
hat diesen Auflauf noch nicht probiert.

PORTIONEN: 3–4 • ZEITBEDARF: 35 MINUTEN, 25 MINUTEN BACKEN

ZUTATEN

500 g Blattspinat (TK)
1 Packung Maultaschen (ca. 400 g)
1 ½ l Gemüsebrühe
500 g Kirschtomaten
1 Zwiebel
1 Knoblauchzehe
2 EL Öl
80 ml Weißwein
300 g Sahne
2 Eier (Größe M)
Salz und Pfeffer
¼ TL Muskatnuss
200 g geriebener Gouda

1. Spinat auftauen lassen. In ein Sieb geben und gut ausdrücken.
2. Maultaschen in kochender Brühe nach Packungsanweisung zubereiten. Tomaten waschen und halbieren. Zwiebel schälen und würfeln. Knoblauch schälen und fein hacken.
3. Öl in einem Topf erhitzen. Knoblauch und Zwiebel darin andünsten. Spinat hinzufügen und ca. 2 Minuten andünsten.
4. Mit Wein und Sahne ablöschen, aufkochen und danach ca. 2 Minuten köcheln lassen. Die Hälfte der Tomaten unter den Spinat heben. Eier verquirlen. Mit Salz, Pfeffer und Muskatnuss würzen, unter die Spinatmischung heben.
5. Den Backofen auf 200 °C Umluft (220 °C Ober-/ Unterhitze) vorheizen.
6. Maultaschen abgießen und dritteln. Spinatmischung in eine rechteckige Auflaufform (ca. 20 x 30 cm) geben. Maultaschen darauf verteilen und leicht eindrücken. Käse darüberstreuen.
7. Im Ofen ca. 25 Minuten backen. Nach ca. 15 Minuten der Backzeit die übriggebliebenen Tomaten auf den Auflauf geben und mitbacken.

Feurige Tortilla-Pizza

Schneller geht Pizza nun wirklich nicht mehr. Und bitte zwei pro Person machen.

PORTIONEN: 1 • ZEITBEDARF: 15 MINUTEN, 15 MINUTEN BACKEN

ZUTATEN

1 Weizentortilla
120 g Hackfleisch
Öl zum Braten
3 TL Paprikapulver
Salz und Pfeffer
1 kleine rote Zwiebel
2 Peperoni
50 g rote Bohnen (aus der Dose)
4 EL Tomatensauce (für Pizza oder Pasta)
100 g geriebenen Pizzakäse
1 Limette
3 EL Schmand

1. Weizentortilla in einer heißen Pfanne ohne Öl kurz anrösten. Dann auf ein mit Backpapier belegtes Backblech legen.
2. Den Backofen auf 180 °C Ober-/Unterhitze (160 °C Umluft) vorheizen.
3. Pfanne auf dem Herd lassen und darin das Hackfleisch mit etwas Öl scharf anbraten. Paprikapulver zugeben und mit Salz und Pfeffer würzen.
4. Zwiebel schälen und in Ringe schneiden. Peperoni waschen, Kerne entfernen und ebenfalls in Ringe schneiden. Die roten Bohnen gut abtropfen lassen.
5. Tomatensauce auf der Weizentortilla verstreichen. Hackfleisch, Bohnen, Peperoni und die roten Zwiebeln darauf verteilen. Mit Pizzakäse bestreuen und ca. 15 Minuten im Ofen backen.
6. Limette auspressen. Den Saft mit dem Schmand verrühren. Mit Salz und Pfeffer würzen. Kräuterschmand mit der Tortilla-Pizza zusammen anrichten.

Cremiger Nudelauflauf mit Tomaten und Mozzarella

Dieses Gericht ist eines der am meisten gekochten Rezepte in unserer Familie und seit Jahren ein absoluter Evergreen.

PORTIONEN: 3–4 • ZEITBEDARF: 25 MINUTEN, 20 MINUTEN BACKEN

ZUTATEN

1 Zwiebel
2 Knoblauchzehen
1 Chilischote
400 g Kirschtomaten
50 g Parmesan
125 g Mozzarella
1 Bund Basilikum
400 g Rigatoni
500 g passierte Tomaten
200 g Sahne
Salz und Pfeffer
1 Prise Zucker

1. Zwiebel und den Knoblauch schälen und sehr fein schneiden. Die Chilischote waschen, entkernen und ebenso fein hacken. Die Kirschtomaten waschen und halbieren. Den Parmesan reiben und den Mozzarella grob würfeln. Die Basilikumblätter abzupfen, waschen, trocken tupfen und in Streifen schneiden.
2. Rigatoni nach Packungsanleitung in reichlich Salzwasser al dente kochen. Den Backofen auf 200 °C Umluft (220 °C Ober-/Unterhitze) vorheizen.
3. Olivenöl in einer Pfanne erhitzen und Zwiebel, Knoblauch und Chilischote darin anschwitzen. Die passierten Tomaten hinzufügen und die Sauce ein paar Minuten leicht köcheln lassen. Dann die Sahne und den geriebenen Parmesan unterrühren und die Sauce mit Salz, Pfeffer und einer ordentlichen Prise Zucker abschmecken.
4. Pasta abgießen und in die Pfanne zur Sauce geben. Die Pfanne vom Herd nehmen und die halbierten Kirschtomaten sowie die Hälfte der Mozzarellawürfel unterheben. Die Basilikumblätter ebenfalls unterheben.
5. Alles zusammen in eine Auflaufform geben, mit dem restlichen Mozzarella bestreuen und ca. 20 Minuten auf der mittleren Schiene im Ofen gratinieren.

Blätterteigpizza mit Ziegenkäse und Honig

Ein perfektes Beispiel dafür, dass die fleischlose Alternative eines Gerichts genauso lecker sein kann.

PORTIONEN: 3–4 • ZEITBEDARF: 10 MINUTEN, 15 MINUTEN BACKEN

ZUTATEN

1 Packung Blätterteig
60 g Crème fraîche
2 TL getrockneter Thymian
Salz und Pfeffer
300 g Kirschtomaten
1 Rolle Ziegenfrischkäse (ca. 75 g)
3 EL Honig

1. Den Backofen auf 180 °C Umluft (200 °C Ober-/ Unterhitze) vorheizen.
2. Blätterteig auf einem mit Backpapier belegten Backblech ausrollen und mit der Crème fraîche bestreichen.
3. Thymian auf der Crème fraîche verteilen. Mit Salz und Pfeffer würzen.
4. Kirschtomaten waschen und ebenfalls darauf verteilen. Ziegenkäse über der Pizza zerrupfen.
5. Pizza ca. 15 Minuten backen. Den Honig darüber träufeln und die Pizza weitere 8–10 Minuten backen.

Backen macht glücklich

Lotus-Cheesecake
Fantakuchen
Erdbeerschnitten ohne Backen
Puddingbrezen
Milchmädchen-Kuchen
Weintrauben-Schichtdessert
Bienenstich-Dessert
Kokos-Creme mit frischen Erdbeeren
Mangoquark-Kuchen mit Schokolade
Zitronenkuchen
Quarkwaffeln
Schnelle Sonntagsbrötchen mit Quark
Wunderzopf ohne Hefe
Kartoffel-Schinken-Baguette
Knoblauch-Mozzarella-Brot
Pfannenbrot de luxe

Lotus-Cheesecake

Dieser Cheesecake ist in Windeseile gemacht und ist die perfekte Ergänzung für einen cozy Nachmittag mit Kuscheldecke und Kerzenschein.

6–8 STÜCK (SPRINGFORM Ø 26 CM) • ZEITBEDARF: 30 MINUTEN, 4–6 STUNDEN KÜHLEN

ZUTATEN

FÜR DEN TEIG:

75 g Butter
250 g Lotuskekse (Karamellgebäck)

FÜR DIE CREME:

250 g Mascarpone
300 g Frischkäse
70 g Puderzucker

ZUM BESTREICHEN:

140 g Lotus-Aufstrich (Brotaufstrich aus Karamellgebäck)

FÜR DAS TOPPING:

140 g Lotus-Aufstrich (Brotaufstrich aus Karamellgebäck)

1. Butter in einem Topf oder in der Mikrowelle schmelzen. 6–8 Lotuskekse für die Dekoration beiseitestellen, die restlichen Kekse in einen Gefrierbeutel geben, gut verschließen und mit einem Rollholz zerkleinern. Mit der flüssigen Butter vermengen.
2. Den Boden der Backform mit Backpapier auslegen. Den Keksteig hineingeben und schön fest andrücken. In den Kühlschrank stellen.
3. Den Lotus-Aufstrich zum Bestreichen in einem Topf schmelzen. Den Keksboden damit bestreichen.
4. Alle Zutaten für die Creme miteinander vermengen, am besten mit einem Handmixer. Auf den Keksboden geben und alles glatt streichen.
5. Für das Topping den Lotus-Aufstrich in einem Topf schmelzen lassen und auf den Kuchen geben. Zum Schluss mit den restlichen Lotuskeksen schön dekorieren.
6. 4–6 Stunden im Kühlschrank fest werden lassen.

Fantakuchen

Ich liebe Fantakuchen und habe mir Gedanken gemacht, wie man diesen noch schneller und einfacher zubereiten kann. So bin ich auf diese tolle Idee gekommen und ich muss sagen, der »No Bake Fantakuchen« ist wahnsinnig lecker und kann absolut mit dem gebackenen Boden mithalten. Also probiere diesen unbedingt aus.

8–12 STÜCK • ZEITBEDARF: 30 MINUTEN, 4 STUNDEN KÜHLEN

ZUTATEN

600 g kalte Sahne
3 Pck. Vanillezucker
3 Pck. Sahnesteif
3 kleine Dosen Mandarinen (je ca. 75 g)
400 g Schmand
50 g Zucker
250 g Löffelbiskuit
200 ml Fanta
etwas Zimt

1. Zuerst die kalte Sahne mit dem Vanillezucker und dem Sahnesteif steif schlagen.
2. Mandarinen in einem Sieb gut abtropfen lassen.
3. Danach Schmand und Zucker verrühren, bis der Zucker sich komplett aufgelöst hat.
4. Steifgeschlagene Sahne vorsichtig unter die Schmandmasse rühren und die abgetropften Mandarinen unterheben.
5. Löffelbiskuits für jeweils 1–2 Sekunden in Fanta tunken und dann auf einem Backblech, das in den Kühlschrank passt, nebeneinander aufreihen.
6. Die Mandarinen-Sahne-Creme auf den Löffelbiskuits verteilen, glatt streichen und mit etwas Zimt bestreuen.
7. 3–4 Stunden im Kühlschrank fest werden lassen.

Erdbeerschnitten ohne Backen

Das Rezept ist bestens geeignet für Küchenneulinge, aber auch für Hobbybäcker*innen, die einfach ein schnelles und leckeres Dessert zubereiten möchten. Ich kenne niemanden, der diese Erdbeerschnitten nicht mag.

6–8 STÜCK (BACKRAHMEN CA. 32 x 28 CM) • ZEITBEDARF: 30 MINUTEN, 3–4 STUNDEN KÜHLEN

ZUTATEN

1 kg Erdbeeren
3 Pck. Paradies-Creme (Vanillegeschmack)
800 g kalte Sahne
2 Pck. Vanillezucker
600 g Schmand
ca. 30 Waffeln (z. B. Frisch-Ei-Waffeln)
3 Pck. Tortenguss fix (rot)
50 g Zucker

1. Erdbeeren waschen, putzen und halbieren.
2. Paradies-Creme mit Sahne und Vanillezucker vermischen, danach den Schmand dazugeben und mit einem Handmixer cremig schlagen.
3. Die Hälfte der Waffeln in den Backrahmen legen, die erste Hälfte der Creme darüber geben und glatt verstreichen. Danach die restlichen Waffeln darauflegen und zum Schluss die restliche Creme darauf verteilen.
4. Aus Tortenguss und Zucker eine Glasur anrühren: Dazu den Tortenguss und den Zucker in eine Schüssel geben und nach Packanweisung mit 550 ml kochendem Wasser verrühren.
5. Erdbeeren gleichmäßig auf dem Kuchen verteilen, die Glasur darüber gießen und im Kühlschrank ca. 4 Stunden fest werden lassen.

Puddingbrezen

Warm, knusprig und cremig zugleich: Das können nur Puddingbrezen. Einen frischen Plunderteig benötigst du nicht, mit einem einfachen fertigen Croissantteig aus der Kühltheke bekommst du genauso ein tolles Geschmackserlebnis hin.

PORTIONEN: 6 • ZEITBEDARF: 15 MINUTEN, 25 MINUTEN BACKEN

ZUTATEN

1 Dose fertiger Croissantteig
1 Pck. Vanillepuddingpulver
400 ml Milch
4 EL Zucker
100 g Puderzucker
1–2 EL Zitronensaft

1. Den Backofen auf 200 °C Ober-/Unterhitze (180 °C Umluft) vorheizen. Ein Backblech mit Backpapier auslegen.
2. Pudding nach Packungsanleitung zubereiten, dazu allerdings 100 ml weniger Milch verwenden als angegeben. Puddingpulver mit dem Zucker verrühren. 6 EL von der Milch abnehmen und das Pulver damit glatt rühren. Die übrige Milch in einem Topf aufkochen, vom Herd nehmen und das glatt gerührte Puddingpulver unterrühren. Nochmals kurz aufkochen und vom Herd nehmen.
3. Den Croissantteig ausrollen und die einzelnen Teiglinge zu Brezen formen.
4. Die Brezen drauflegen. Den Pudding mit einem Esslöffel in die Löcher der Brezen geben und ca. 25 Minuten backen, bis alles schön goldig aussieht. Aus dem Ofen nehmen und abkühlen lassen.
5. Puderzucker und Zitronensaft zu einer Glasur verrühren und auf die leicht abgekühlten Puddingbrezen streichen.

1/3
80

Milchmädchen-Kuchen

Schnell gemacht, ganz ohne Ofen und perfekt für den Kaffeetisch mit der ganzen Familie: ein leckerer Kuchen mit Butterkeksen und Milchmädchen. Und du brauchst noch nicht mal Mehl!

8–12 STÜCK • ZEITBEDARF: 25 MINUTEN, 8 STUNDEN KÜHLEN

ZUTATEN

600 g kalte Sahne
4 Pck. Sahnesteif
300 g Frischkäse
250 g gezuckerte Kondensmilch
600 g Butterkekse

1. Die kalte Sahne mit 2 Päckchen Sahnesteif steif schlagen.
2. Frischkäse, gezuckerte Kondensmilch und die restlichen zwei Päckchen Sahnesteif ebenfalls cremig schlagen und dann vorsichtig unter die Sahne heben.
3. Nun ein Backblech, das in den Kühlschrank passt, mit Backpapier belegen. Darauf abwechselnd Butterkekse und Crememasse übereinanderschichten. Dabei mit einer Schicht Creme abschließen.
4. Ein paar Butterkekse in einen Gefrierbeutel geben, gut verschließen und mit einem Rollholz grob zerkleinern. Auf dem Kuchen verteilen.
5. Ca. 8 Stunden im Kühlschrank fest werden lassen.

Weintrauben-Schichtdessert

Dieses Weintrauben-Dessert wirst du lieben! Und gleichzeitig ist es auch noch super erfrischend.

PORTIONEN: 6 • ZEITBEDARF: 20 MINUTEN, 1 STUNDE KÜHLZEIT

ZUTATEN

1 kg kernlose Weintrauben
250 g Sahne
250 g Sahnequark
250 g Mascarpone
100 g Zucker
1 Pck. Vanillezucker
2 Pck. American Cookies (Kekse mit Schokoladenstückchen)

1. Die Weintrauben waschen und trocken tupfen. Die Sahne steif schlagen. Sahnequark, Mascarpone und Zucker zu einer Creme vorrühren und vorsichtig die Sahne unterheben. Die American Cookies in einen Gefrierbeutel geben, gut verschließen und mit einem Rollholz zerbröseln.

2. Die Hälfte der Weintrauben in eine große Schüssel geben, darüber die Hälfte der Creme verteilen und darauf die Hälfte der zerbröselten Cookies streuen. Die drei Schichten nochmals in der gleichen Reihenfolge wiederholen.

Bienenstich-Dessert

Ein Klassiker mal ganz anders und super für spontanen Besuch.

PORTIONEN: 4 • ZEITBEDARF: 20 MINUTEN, 1 STUNDE KÜHLZEIT

ZUTATEN

1 Pck. Vanillepuddingpulver
50 g Zucker plus 2 gestr. EL für die Bienenstich-Haube
400 ml Milch
400 g Sahne
1 EL Butter
3 geh. EL Mandelblättchen

1. Den Pudding nach Packungsanleitung, aber mit 100 ml Milch weniger als angegeben zubereiten. Dazu das Puddingpulver mit dem Zucker und 6 EL von der Milch glatt rühren. Die restliche Milch zum Kochen bringen, vom Herd nehmen und das glatt gerührte Puddingpulver hineingeben. Unter ständigem Rühren nochmals kurz kochen lassen. Vom Herd nehmen und mit Frischhaltefolie abdecken, damit sich keine Haut bildet. Auf Zimmertemperatur abkühlen lassen.
2. Sahne steif schlagen. Pudding unterheben, bis alles klumpenfrei verrührt ist. In Dessertschalen oder auf Gläser verteilen.
3. Für die Bienenstich-Haube die Butter in einer Pfanne schmelzen. 2 EL Zucker und die Mandelblättchen hinzugeben. Unter ständigem Rühren karamellisieren lassen.
4. Mandelblättchen auf die Dessertschalen verteilen. Bis zum Verzehr kühl stellen.

Kokos-Creme mit frischen Erdbeeren

Die Creme kann selbstverständlich auch mit anderem Obst genossen werden oder als Füllung für Torten oder Kuchen Verwendung finden.

PORTIONEN: 6 • ZEITBEDARF: 20 MINUTEN, 1 STUNDE KÜHLEN

ZUTATEN

1 kg frische Erdbeeren
2–3 EL Zitronensaft
4–5 TL Vanillezucker
400 g Sahne
2 Pck. Sahnesteif
1 Dose Kokosmilch (ca. 400 ml, Achtung: nicht schütteln)
200 g Kokosraspel

1. Erdbeeren waschen, putzen, in kleine Stücke schneiden und mit dem Zitronensaft und 2 TL Vanillezucker vermengen. 10 Minuten ziehen lassen.
2. Kokosraspel in einer Pfanne ohne Fett anrösten.
3. Sahne zusammen mit Sahnesteif und 2–3 TL Vanillezucker steif schlagen.
4. Die Kokosmilchdose öffnen, ohne sie vorher zu schütteln. So kann man mit einem Löffel die pure Kokoscreme (ca. 3–4 EL) abnehmen, zurück bleibt das Kokoswasser. Die Kokoscreme unter die Sahne heben.
5. Die Kokossahne zusammen mit den Erdbeeren und den gerösteten Kokosraspeln in Schüsselchen schichten und servieren.

Tipp:

Es ist auch möglich, alles in kleinen Tassen zu schichten und so zu servieren.

Mangoquark-Kuchen mit Schokolade

Sommerlich leicht und lecker!

12 STÜCK (SPRINGFORM Ø 26 CM) • ZEITBEDARF: 30 MINUTEN, 3 STUNDEN KÜHLEN

ZUTATEN

FÜR DEN KEKSBODEN:

100 g Butterkekse
140 g Zartbitterschokolade
10–15 g Kokosfett

FÜR DEN MANGOQUARK:

6 Blatt Gelatine
200 g Sahne
500 g Magerquark
50–60 g Zucker
2 EL Zitronensaft
1 reife Mango

FÜR DIE DEKORATION:

frische Heidelbeeren, Himbeeren, Brombeeren oder Erdbeeren (nach Belieben)

1. Den Boden der Springform mit Backpapier auslegen. Die Butterkekse in einen Gefrierbeutel geben, gut verschließen und mit einem Rollholz zerbröseln.
2. Die Schokolade grob hacken, über einem Wasserbad zusammen mit dem Kokosfett schmelzen und unter die Keksbrösel rühren. Die Schoko-Keksmasse in der vorbereiteten Springform verteilen und gut andrücken. Im Gefrierfach hart werden lassen.
3. Für den Quark die Gelatine ein paar Minuten in etwas kaltem Wasser einweichen und anschließend ausdrücken. In einem kleinen Topf bei geringer Hitze auflösen lassen.
4. Sahne steif schlagen. Quark, Zucker und Zitronensaft verrühren. Ein wenig von der Quarkmasse zur geschmolzenen Gelatine in den Topf geben und verrühren.
5. Die Gelatine-Quarkmasse zur restlichen Quarkmasse geben, verrühren und die geschlagene Sahne unterheben.
6. Mango schälen, Kern entfernen, das Fruchtfleisch in kleine Stücke schneiden und ebenfalls unter die Masse heben.
7. Den fertigen Quark auf dem festen Schokoboden verteilen, mit Beeren nach Wahl dekorieren und im Kühlschrank fest werden lassen.

Zitronenkuchen

Sommer, Sonne und Zitronenkuchen, und schon ist der Tag gerettet.

12 STÜCK • ZEITBEDARF: 20 MINUTEN, 25 MINUTEN BACKEN

ZUTATEN

300 g weiche Butter
6 Eier (Größe M)
350 g Mehl
250 g Zucker
½ TL Backpulver
Saft und Abtrieb von
  1½ Bio-Zitrone
250 g Puderzucker

1. Backofen auf 200 °C Ober-/Unterhitze (180 °C Umluft) vorheizen. Ein Backblech mit Butter einfetten.
2. Butter mit den Eiern cremig aufschlagen.
3. Mehl, Zucker, Backpulver, Zitronenabrieb miteinander vermischen und zur Butter-Ei-Mischung geben. Zum Schluss den Saft einer Zitrone unterrühren.
4. Den Teig auf das Blech geben, glatt streichen und ca. 25 Minuten backen. Aus dem Ofen nehmen und abkühlen lassen.
5. Puderzucker mit dem Saft einer halben Zitrone verrühren und gleichmäßig auf dem abgekühlten Kuchen verteilen.

Quarkwaffeln

Normale Waffeln sind gut, aber Quarkwaffeln sind einfach der Hit.
Dazu Sahne und Kirschen.

PORTIONEN: 2–3 • ZEITBEDARF: 15 MINUTEN

ZUTATEN

125 g Butter
80 g Zucker
1 Pck. Vanillezucker
3 Eier (Größe M)
125 g Quark
200 g Mehl
½ gestr. TL Backpulver
100 ml Milch
etwas Fett für das Waffeleisen

1. Die Butter geschmeidig rühren, nach und nach Zucker, Vanillezucker, Eier und Quark hinzugeben.
2. Anschließend das Mehl und das Backpulver hinzufügen. Zum Schluss die Milch unterrühren. Alles ca. 1 Minute gut verrühren.
3. Das Waffeleisen einfetten, einschalten, den Teig portionsweise hineingeben und ausbacken.

Schnelle Sonntagsbrötchen mit Quark

Als wir mal keinen Bäcker in der Nähe hatten,
musste ich echt schnell kreativ sein, und das ist dabei herausgekommen.

8 STÜCK • ZEITBEDARF: 15 MINUTEN, 20 MINUTEN BACKEN

ZUTATEN

250 g Weizenmehl
1 Pck. Backpulver
½ TL Salz
50 ml Rapsöl
50 ml Milch
125 g Magerquark
1 Ei (Größe M)

ZUM BESTREICHEN:
1 Eigelb
1 EL Milch

1. Den Backofen auf 190 °C Ober-/Unterhitze (170 °C Umluft) vorheizen. Ein Backblech mit Backpapier belegen.
2. Alle trockenen Zutaten miteinander vermengen.
3. Öl, Milch, Quark und Ei dazugeben und alles maximal 2 Minuten miteinander verkneten.
4. Den Teig kurz mit der Hand kneten, in 8 Stücke teilen und zu Brötchen formen.
5. Zum Bestreichen das Eigelb mit der Milch verquirlen. Die Brötchen auf das Backblech legen, mit der Ei-Milch-Mischung bestreichen und ca. 20 Minuten backen.

Wunderzopf ohne Hefe

Wer schon immer mal einen Hefezopf ausprobieren wollte, sich aber nie getraut hat oder der Teig nicht aufgegangen ist, der sollte diesen Zopf ausprobieren. Der Titel verrät schon alles, es ist ein wahrer Wunderzopf und super für Anfänger. Und das alles ohne Hefe!

PORTIONEN: 6–8 • ZEITBEDARF: 20 MINUTEN, 30 MINUTEN BACKEN

ZUTATEN

500 g Mehl (Type 405)
1 Pck. Backpulver
50 g Zucker
1 Pck. Vanilleextrakt
1 Prise Salz
150 ml Milch
150 g Joghurt
75 g zimmerwarme Butter
1 Eigelb
etwas Hagelzucker

1. Den Backofen auf 180 °C Ober-/Unterhitze (160 °C Umluft) vorheizen. Ein Backblech mit Backpapier belegen.
2. Mehl mit Backpulver, Zucker, Vanilleextrakt und Salz verrühren.
3. Die Trockenzutaten mit Milch, Joghurt und Butter zu einem geschmeidigen Teig verkneten. Am besten geht das mit einer Küchenmaschine.
4. Den Teig abgedeckt 20 Minuten ruhen lassen.
5. Aus dem Teig drei gleich große Kugeln formen, auf einer bemehlten Arbeitsfläche zu langen Strängen ausrollen und daraus einen Zopf flechten.
6. Mit dem Eigelb bestreichen und Hagelzucker darüberstreuen.
7. Auf das Backblech legen und 30 Minuten backen.

Kartoffel-Schinken-Baguette

Ein tolles Rezept für alle Backanfänger, gelingt zu 100% und kommt als Beilage zum Grillen richtig gut an.

PORTIONEN: 2 BAGUETTES • ZEITBEDARF: 35 MINUTEN, 30–40 MINUTEN BACKEN

ZUTATEN

1 Zwiebel
75 g Schinkenwürfel
550 g Mehl (Type 550)
1 Pck. Trockenhefe
200 g Kartoffelpüree (Reste vom Vortag)
1 Ei (Größe M)
1 TL Salz
100 ml lauwarme Milch
150 ml lauwarmes Wasser
100 g geriebener Käse
etwas Schwarzkümmel

1. Den Backofen auf 200 °C Ober-/Unterhitze (180 °C Umluft) vorheizen. Ein Backblech mit Backpapier belegen.
2. Zwiebel schälen und in feine Würfel schneiden.
3. In einer Pfanne ohne Öl die Zwiebeln und die Schinkenwürfel anbraten und zum Auskühlen beiseitestellen.
4. Mehl, Trockenhefe, Kartoffelpüree, Ei, Salz, Milch und 150 ml lauwarmes Wasser in einer Küchenmaschine ca. 10 Minuten vermixen.
5. Den Teig abgedeckt an einem warmen Ort für ca. 40 Minuten gehen lassen.
6. Danach die Zwiebelmischung mit dem Käse zusammen unter den Teig heben und aus dem Teig zwei Baguettes formen. Vorsichtig, der Teig ist etwas klebrig, das ist normal.
7. Die Baguettes auf das Backblech legen und mit etwas Wasser bestreichen und mit Schwarzkümmel bestreuen. Etwa 30–40 Minuten backen.

Knoblauch-Mozzarella-Brot

Dieses leckere Zupfbrot lässt sich super vorbereiten und schmeckt warm am besten.

PORTIONEN: 4 • ZEITBEDARF: 25 MINUTEN, 30 MINUTEN BACKEN

ZUTATEN

FÜR DAS BROT:

250 g Mehl (Type 405)
½ Pck. Trockenhefe
25 g Zucker
1 TL Salz
40 g zimmerwarme Butter
120 ml lauwarme Milch

FÜR DIE FÜLLUNG:

300 g Mozzarella

FÜR DIE KNOBLAUCHBUTTER:

1 Knoblauchzehe
½ TL Salz
100 g zimmerwarme Butter

1. Den Backofen auf 200 °C Ober-/Unterhitze (180 °C Umluft) vorheizen. Ein Backblech mit Backpapier belegen.
2. Alle Zutaten für das Brot in eine Schüssel geben und mit der Küchenmaschine ca. 10 Minuten verkneten.
3. Den Teig zu einer Kugel formen, auf das Backblech geben und leicht platt drücken. Mit einem sauberen Geschirrtuch abdecken und ca. 45 Minuten gehen lassen.
4. In der Zwischenzeit die Knoblauchbutter herstellen, dafür Knoblauch schälen, pressen und mit Salz und Butter vermischen.
5. Den Teig auf dem Blech zu einem Kreis formen und mit einem scharfen Messer längs und quer einschneiden, sodass ein Schachbrettmuster entsteht.
6. Mozzarella längs halbieren und in dünne Scheiben schneiden.
7. Den Teig mit der Knoblauchbutter einstreichen und den Mozzarella in die Vertiefungen drücken.
8. Das Brot etwa 30 Minuten backen.

Pfannenbrot de luxe

Wenn du magst, kannst du den Teig auch würzen oder mit Oliven verfeinern.

PORTIONEN: 3–4 • ZEITBEDARF: 20 MINUTEN

ZUTATEN

400 g Mehl (Type 405)
2 TL Backpulver
1 Ei (Größe M)
1 TL Salz
1 EL Olivenöl
200 g Joghurt
50 ml Milch

1. Alle Zutaten in eine Schüssel geben und zu einem glatten, weichen Teig verkneten.
2. Den Teig 10 Minuten ruhen lassen. Danach in ca. 10 Portionen teilen und flach ausrollen.
3. Eine beschichtete Pfanne leicht erhitzen und die Brote ohne Öl von beiden Seiten backen. Dabei beim Wenden mit dem Pfannenwender platt drücken. Braten, bis die Brote von beiden Seiten schön gebräunt sind.

ZUTATENREGISTER

ÜBER DIE AUTORIN

Kochen, backen und anderen damit eine Freude machen – dafür steht Madita. Die junge Mutter liebt es, Rezepte auszuprobieren und sie auf ihre Art so einfach wie möglich zu gestalten. Ihre Gerichte sind für jeden Tag geeignet und ohne viel Aufwand zubereitet. Richtig schnell, richtig einfach, richtig lecker!

Bibliografische Information der Deutschen Nationalbibliothek
Die Deutsche Nationalbibliothek verzeichnet diese Publikation in der Deutschen Nationalbibliografie. Detaillierte bibliografische Daten sind im Internet über http://dnb.d-nb.de abrufbar.

Für Fragen und Anregungen
info@rivaverlag.de

Wichtiger Hinweis
Ausschließlich zum Zweck der besseren Lesbarkeit wurde auf eine genderspezifische Schreibweise sowie eine Mehrfachbezeichnung verzichtet. Alle personenbezogenen Bezeichnungen sind somit geschlechtsneutral zu verstehen.

Originalausgabe
1. Auflage 2022

Türkenstraße 89
80799 München
Tel.: 089 651285-0
Fax: 089 652096

Redaktion: Sarah Holzwarth
Umschlaggestaltung: Sonja Vallant
Umschlagabbildungen und Abbildungen im Innenteil: Stephanie Just, Autorenfoto S. 159: © privat
Satz: Satzwerk Huber, Germering
Druck: Firmengruppe APPL, aprinta Druck, Wemding
Printed in Germany

ISBN Print 978-3-7423-2003-2
ISBN E-Book (PDF) 978-3 7453-1748-0
ISBN E-Book (EPUB, Mobi) 978-3-7453-1749-7